AF582187

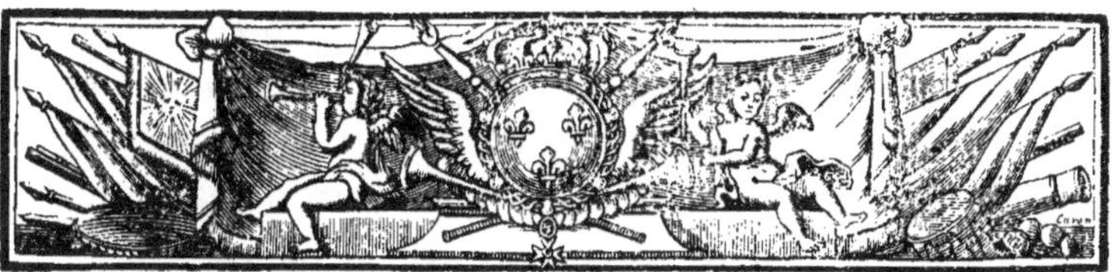

RÉGLEMENT

Pour la levée des Recrues, ordonnée par le Roi dans les différentes provinces du Royaume.

Du 25 Novembre 1760.

LE ROI ayant reconnu que le projet des recrues provinciales, destinées à compléter son armée, est le moyen le plus sûr & le moins à charge à ses peuples pour parvenir au prompt rétablissement des Troupes qui ont essuyé des pertes pendant la campagne: Et Sa Majesté voulant le mettre en usage, a jugé nécessaire, pour en tirer tout l'avantage qu'on peut s'en promettre, d'établir par un règlement les principes sur lesquels Elle entend que l'opération des recrues volontaires soit dirigée dans les provinces de son royaume.

ARTICLE PREMIER.

LE Commissaire départi dans chaque généralité, y sera spécialement chargé de tous les détails de l'opération des recrues provinciales; il ordonnera ſupérieurement des diſpoſitions néceſſaires pour le progrès de la levée volontaire, & connoîtra excluſivement & privativement de toutes conteſtations & difficultés qui pourront naître ſur le fait des enrôlemens & de tout ce qui pourra y avoir rapport.

II.

Il ſera établi ſous ſes ordres un Commiſſaire des recrues pour tout le département, & un nombre ſuffiſant de Prépoſés aux recrues, proportionnément à l'étendue de la généralité, diſtribués dans les villes & cantons où ils ſeront jugés devoir être le plus utilement employés.

III.

Les Prépoſés aux recrues ſeront pourvûs de commiſſion de l'Intendant, ils ſeront tous gens connus, bien famés, intelligens, ſolvables, &, autant qu'il ſera poſſible, anciens Militaires, tels qu'Officiers ou bas-Officiers ayant un état conſtant dans le canton où ils devront recruter.

IV.

Ils ſe conformeront aux ordonnances rendues ſur le fait des enrôlemens, & aux diſpoſitions du préſent règlement, pour l'exécution duquel ils ſe concerteront avec les Officiers municipaux des villes de leur réſidence, qui de leur côté rendront compte directement à l'Intendant, de toutes les opérations relatives au travail des recrues.

V.

Les Prépoſés aux recrues n'employeront ni ſéduction, ni violence, ni ruſes pour ſurprendre la bonne foi ou forcer l'inclination des ſujets; leur fonction ne devant s'annoncer que ſur les dehors de la bonne foi, de la douceur & de la perſuaſion; ils n'enrôleront que des hommes ſains, robuſtes, bien conformés, & de bonne volonté, décidés pour le ſervice, depuis l'âge de ſeize ans révolus juſqu'à quarante, & de la taille de cinq pieds un pouce au moins. Les déſerteurs, les paſſagers, vagabonds & mendians de profeſſion, les gens ſuſpects, ſoupçonnés de crime, ou flétris par la Juſtice, ſeront refuſés comme indignes de la profeſſion des armes; mais on pourra admettre dans ces recrues les Étrangers, qui ſerviront à compléter les régimens des nations dont ils ſeront.

V I.

LES ſujets affligés de défauts naturels ou d'infirmités habituelles, apparentes ou ſecrettes, qui les rendent incapables de ſervir, ne ſeront point admis dans les recrues, & ceux qui étant dans ce cas, ſeroient parvenus, par ſurpriſe ou autrement, à ſe faire recevoir, ſeront réformés ſur le champ; & les Prépoſés aux recrues, qui les auront préſentés, contraints à la reſtitution des dépenſes qu'ils auroient occaſionnées, même punis en cas de connoiſſance prouvée.

V I I.

LES engagemens ſeront contractés pour ſix ans, & ne ſeront mention d'aucun régiment particulier, les recrues devant être levées pour ſervir indiſtinctement dans tous les Corps des troupes du Roi.

Les Prépoſés aux recrues obſerveront néanmoins que tous les hommes depuis cinq pieds un pouce & point au deſſous, juſqu'à cinq pieds trois pouces & demi, doivent être enrôlés pour l'Infanterie; & tous ceux depuis cinq pieds trois pouces & demi & au dessus, le peuvent être pour la Cavalerie, les Dragons & l'Artillerie.

VIII.

Si le contractant ne sait pas écrire, il sera sa marque en présence de deux témoins, qui signeront comme tels, & au bas de l'engagement seront les renseignemens qui auront été pris sur l'état de l'engagé, sur sa profession, sur le prix de son engagement, & sur le pour-boire & les effets d'équipement qui lui auront été délivrés.

IX.

Les Préposés aux recrues, en recevant des engagemens dans la forme prescrite, délivreront aux nouveaux enrôlés des billets de service de six ans, au bout desquels leurs congés absolus leur seront fidèlement expédiés; excepté néanmoins le temps de la guerre, où la délivrance des congés est suspendue pour toutes les troupes de Sa Majesté.

Les sujets congédiés aux termes de leurs engagemens, & qui voudront continuer à servir, conserveront leur rang d'ancienneté, si dans l'année de la date de leurs congés, ils s'enrôlent pour la même compagnie où ils auront déjà servi.

X.

Les Enrôleurs tiendront un registre journal de leur travail, & présenteront leurs recrues dans les vingt-quatre heures de la date des engagemens, à l'Officier préposé à cet effet dans chaque ville, lequel se fera remettre les actes d'enrôlemens, les visera, ainsi que les billets de ſervice, formera un contrôle ſignalé des recrues, & en enverra un double à la fin de chaque mois à l'Intendant.

X I.

UN ſujet enrôlé par un Recruteur, ne pourra être réclamé par un autre Recruteur auquel il ſe ſeroit adreſſé précédemment, ſans avoir conſommé ſon engagement; il ne pourra être échangé ni cédé, par aucune ſorte de convention, à des Enrôleurs des Corps de troupes, nul engagement ne pourra être annullé que de l'aveu & ſur l'ordre exprès de l'Intendant, & tout accommodement fait ou reçû, ſans cette condition, par les Prépoſés aux recrues, ſera réputé nul & comme non avenu, ſans préjudice de la punition des Prépoſés, qui, par un abus criminel de leurs fonctions, ſe ſeroient rendus coupables d'une telle manœuvre.

X I I.

LE prix de l'engagement de chaque homme ne pourra excéder la ſomme de dix écus, réglée par les ordonnances, indépendamment de l'équipement qui ſera fourni à chacun des nouveaux Enrôlés; lequel ſera compoſé d'une culotte d'étoffe de laine blanche, doublée de toile, d'un chapeau bordé de galon de poil de chèvre, de deux chemiſes de toile de chanvre, d'une paire de ſouliers, d'une paire de guêtres & d'un havre-ſac de toile de coutil. Ces effets ſeront délivrés en nature aux nouveaux enrôlés qui en manqueront; ceux qui s'en ſeront pouvûs par eux-mêmes, & qui les repréſenteront neufs & de bonne qualité à la revûe d'aſſemblée, en toucheront le prix comptant, ſur le pied de l'eſtimation qui en ſera faite. Il ſera de plus promis aux uns & aux autres, avant leur départ pour le dépôt général, une gratification de trois livres, qui leur ſera délivrée comptant à leur arrivée audit dépôt.

X I I I.

Le pour-boire, ou excédent du prix de l'engagement des hommes de recrues, ſera fixé à cinq livres pour ceux de la taille de cinq pieds un pouce, à dix livres pour cinq pieds deux pouces, à quinze livres pour cinq pieds trois pouces, à vingt livres pour cinq pieds quatre pouces, à trente livres pour cinq pieds cinq pouces & au deſſus; leſquelles ſommes ſeront allouées aux Prépoſés aux recrues, après la réception des hommes, à la revûe d'aſſemblée, ſans égard aux conventions arrêtées entre les uns & les autres. Les Prépoſés aux recrues ne haſarderont aucunes promeſſes qu'ils ne ſeroient pas en pouvoir ou en intention d'accomplir.

X I V.

Il ſera payé ſix livres comptant aux nouveaux enrôlés, ſur le prix de leur engagement, douze livres à la revûe d'aſſemblée, & pareille ſomme au dépôt général, après néanmoins qu'il aura été vérifié qu'ils ſont ſuffiſamment pourvûs de linge & d'autres menus effets néceſſaires: ſi quelques-uns en manquent, il leur en ſera acheté en leur préſence, & le prix en ſera précompté ſur ce qui leur ſera dû.

Ces payemens ſeront exactement faits aux époques réglées, & ne pourront être anticipés ni différés ſous quelque prétexte que ce ſoit.

X V.

Les ſujets enrôlés ne pourront quitter le dépôt des recrues, ſans une permiſſion par écrit de l'Officier chargé du détail des enrôlemens dans chaque ville, ni s'absenter du lieu de leur résidence sans en informer le Syndic, & déclarer l'endroit où ils auront dessein d'aller, à peine d'être arrêtés & retenus en prison jusqu'au départ des divisions pour l'entrepôt. Les Déserteurs seront poursuivis par la Maréchaussée & punis suivant les dispositions de l'Ordonnance concernant les recrues, du 15 juillet 1760.

XVI.

Il sera accordé aux Enrôleurs des gratifications proportionnées au nombre d'hommes que chacun d'eux aura recrutés & qui auront été reçûs dans le cours de la présente année, suivant la gradation ci-après;

SAVOIR:

Trois livres pour chacun des cinq & six premiers hommes.

Quatre livres pour chacun des sept & huitième.

Cinq livres pour chacun des neuf & dixième.

Six livres pour chacun des onze & douzième.

Sept livres pour chacun des treize & quatorzième.

Huit livres pour chacun des quinze & seizième.

Neuf livres pour chacun des dix-sept & dix-huitième.

Dix livres pour chacun des dix-neuf & vingtième.

Onze livres pour chacun des vingt-un & vingt-deuxième.

Douze livres pour chacun des vingt-trois & vingt-quatrième, & au dessus.

Au moyen des traitemens expliqués ci-dessus, les Préposés aux recrues seront chargés de tous frais de voyage, de buvettes & autres généralement quelconques de cette nature pour raiſon des enrôlemens, même de la fourniture de la cocarde aux nouveaux enrôlés.

X V I I.

Les gratifications expliquées en l'article ci-deſſus, ſeront accordées aux Officiers & Cavaliers de Maréchauſſée, aux fixations & gradations réglées pour les Prépoſés aux recrues, pourvûs de commiſſion de l'Intendant : il n'en ſera alloué ni aux uns ni aux autres pour les déſertés ou les réformés par incapacité de ſervir. Leſdits Officiers & Cavaliers obſerveront, pour la correſpondance de leur travail, les diſpoſitions de l'article IV, & ſe conformeront d'ailleurs exactement à ce qui leur ſera preſcrit pour cette opération par l'Intendant.

X V I I I.

Si les Maires, Syndics, habitans des paroiſſes, ou tous autres particuliers ſans commiſſion de recruter, & par zèle pour le ſervice du Roi, préſentent des ſujets enrôlés, le pour-boire leur ſera rembourſé dans la gradation de l'article XIII, outre le prix de l'engagement de trente livres.

X I X.

Les nouveaux Engagés, jouiront, de la date de l'enrôlement, de cinq ſols huit deniers de paye par jour, ſoit dans leur paroiſſe, lorſqu'ils auront permiſſion d'y reſter, ſoit aux quartiers de recrue d'aſſemblée ou en route pour s'y rendre, ſur leſquels cinq ſols huit deniers il leur ſera retenu huit deniers par ordre de l'Intendant, pour ſervir à la dépenſe du linge & de la chauſſure; les frais extraordinaires de leur conduite juſqu'au quartier, devant être à la charge des Recruteurs.

X X.

Si l'Intendant de la province, juge convenable d'employer quelques-uns des Prépofés aux recrues, foit à leur difcipline au quartier d'entrepôt, foit à leur conduite au dépôt général, il leur réglera un traitement proportionnément à leur grade & à l'utilité dont ils feront.

X X I.

Les à-comptes d'engagemens, du pour-boire, frais de fubfiftance, d'équipement & tous autres, foit des défertés, foit des fujets qui à la revûe d'affemblée feront réformés comme incapables de fervir, demeureront à la charge des Recruteurs, fans efpoir d'en être récupérés.

X X I I.

Si quelques fujets, fur-tout des pères de famille, enrôlés & non encore reçûs, conçoivent des repentirs de leurs engagemens, ils s'adrefferont à l'Intendant, qui jugeant de la folidité de leurs raifons, pourra les admettre à préfenter à leur place, dans le délai qu'il fixera, deux hommes de taille & de force convenables au fervice; les frais d'enrôlement du premier, en ce cas, tomberont à leur charge, ceux du fecond leur feront rembourfés fur le pied de trente livres d'engagement.

X X I I I.

Quoique l'article V défende d'engager des hommes au deffus de quarante ans, il fera néanmoins permis d'admettre ceux au deffus de cet âge, jufqu'à cinquante ans, qui ayant précédemment fervi dans les troupes pendant fix ans au moins, fe trouveront encore en état de reprendre le fervice; par la même raifon les Soldats de l'Hôtel royal des Invalides, ayant la force & les qualités

1124

néceſſaires pour continuer à ſervir, pourront être enrôlés auſſi juſqu'à cinquante ans, en juſtifiant la permiſſion néceſſaire à cet effet.

XXIV.

LES ſujets qui s'engageront volontairement dans les recrues provinciales, après avoir rempli les ſix années de leur engagement, ſeront diſpenſés de contribuer au ſervice de la Milice, & jouiront après le même temps des exemptions accordées par les ordonnances aux Miliciens.

XXV.

AUSSI-TÔT qu'un homme ſera enrôlé, s'il eſt né dans le reſſort de la ville où il ſe trouvera, ou dans les environs, le Prépoſé aux recrues vérifiera ſon ſignalement ou le fera vérifier par la brigade de Maréchauſſée la plus voiſine, afin de s'aſſurer qu'il n'en a pas impoſé dans ſes déclarations; s'il eſt né dans un canton éloigné ou dans une autre province, l'Intendant fera les démarches convenables pour s'aſſurer de ſon état & prendre à ſon ſujet des éclairciſſemens néceſſaires.

XXVI.

LORS des aſſemblées des nouveaux enrôlés dans les quartiers des recrues, le logement, les lits & le chauffage, leur ſeront fournis aux frais de chaque ville, ils y vivront au moyen de leur ſolde, réunis en chambrée ſous la diſcipline des Prépoſés aux recrues, & y feront ordinaire; à l'effet de quoi les uſtenſiles néceſſaires leur ſeront également fournis par les villes, ſous le récépiſſé & la garantie deſdits Prépoſés aux recrues.

XXVII.

LES ſujets admis dans ces recrues provinciales, devant

être considérés à juste titre, comme les enfans de la province en général & de chaque ville en particulier, il convient qu'ils soient reçûs, en cas de maladies accidentelles & prouvées, dans les hôpitaux bourgeois ou maisons de charité des villes où ils se trouveront assemblés ou dont ils seront le plus à portée, & qu'ils y soient nourris & médicamentés gratuitement jusqu'à leur réception au quartier d'assemblée, & de cette époque seulement leur traitement sera à la charge du Roi.

XXVIII.

Si, contre toute attente, les levées ordonnées par la voie d'enrôlement volontaire, n'avoient pas dans quelques provinces le succès qu'on en doit espérer, il sera donné des ordres pour procéder par la voie du sort sur les principes ordinaires de la levée de la Milice.

XXIX.

Les comptes des enrôlemens seront examinés & arrêtés par l'Intendant de la province, & le payement de toutes les dépenses du travail des recrues justifiées par les états & bordereaux qui lui seront remis par les Recruteurs.

XXX.

S'il s'élève quelques contestations sur la validité des engagemens, les parties auront recours à l'Officier chargé du détail des recrues dans chaque ville, lequel dressera procès-verbal des raisons respectives, ainsi que des dépositions des témoins, qu'il enverra aussi-tôt à l'Intendant, pour être par lui statué sur la difficulté.

XXXI.

Les plaintes & représentations que les nouveaux enrôlés pourront avoir à faire contre les Recruteurs, ou ceux-ci contre les premiers, pour raiſon des décomptes de ſubſiſtance, de prix ou à-comptes d'engagement & autres répétitions relatives aux enrôlemens, ſeront examinées par l'Intendant & par lui décidées ſommairement à l'arrivée de chaque diviſion au quartier d'aſſemblée; ce temps écoulé les parties ne ſeront plus reçûes à réclamer les uns contre les autres, ni les plaintes tardives écoutées.

L'Intendant pourvoira d'ailleurs à tous les cas particuliers qui pourroient avoir été oubliés dans le préſent règlement, qui doit être ſuivi exactement pour la levée d'hommes ordonnée dans toutes les provinces du royaume. FAIT à Verſailles le vingt-cinq novembre mil ſept cent ſoixante. *Signé* LOUIS. *Et plus bas*, LE M.AL DUC DE BELLE-ISLE.

A PARIS, DE L'IMPRIMERIE ROYALE. 1760.

www.ingramcontent.com/pod-product-compliance
Lightning Source LLC
LaVergne TN
LVHW050519160826
845677LV00004B/1234

* 9 7 8 2 3 2 9 6 1 6 5 7 5 *